**CÍRCULO
DE POEMAS**

O dia

Mailson Furtado

a quem ainda me espera
amanhã —

POEMA EM ATO ÚNICO

Pequeno apartamento.
Noite. Breu.

Deitado. Já sem.

caminho
caminho

ca-
  minho

          pr
      prprpr   pr
          pr
        zz
    z
zzz

é noite

o dia come-
  ça ontem

e deito

só começa
e é
noite

e deito
sem sossego

sob aleijos
pra amanhã
deito

desde antes
aqui

não a única
primeira vez

já onze horas

cá
eu

quieta a noite —
corro por sob minhas pernas de
                um lado a outro
e me embrulha o nada

nada

nada

[...]

a noite simples-
   mente: não.

me nega

        (este poema já
        antes —

        tudo cansaço)

a noite se nega
e o dia segue

em suas rasuras
repete o mesmo mapa
(que já não)
distrai coreografias
ilude quereres

me nega
e segue

me desmilingua o tempo
    que não mais cabe em
        qualquer lugar

de um lado a outro
        vagueio
sem qualquer norte

enocego o lençol
— vou a canto algum —

duvido que tudo siga a pairar
como um sem-fim
    pura presepada
    a se cansar de
    mim

que segue

segue

e sigo em
tudo silêncio
que mora cá dentro

e
o dia cá
sem mim
eu cá
sem mim

e temo

Levanta. Vai até a porta,
confere-a se trancada.
Vagueia em curtos passos. Vagueia.

a porta fechada à chave
      reparte nada
ossatura sem carne — ilusões —
guarda o que nada pertence
— mera passagem —
por cá o mesmo tempo
as tantas ruas a invadirem
      mobília adentro
         cumprem a mesma direção
         de tantos sonhos sem sono

    o que devo?
    o que ainda?
    o quê?

    [...]?

e segue o dia
a alucinar-me

já agora parece me
condenar à eternidade do ontem
sovinando a esperança
doutro dia amanhecer

    (não que antes fosse diferente
    mas agora — tempo — tu me amolas
    na cara dura)

e morre a noite
que já não cabe lá fora

a noite
meu único ponto de chegada
: diária esperança

— perene esperança
guardada pra mim —

há zil anos
anestesia verbos
e me faz não
ser

não me perdoa

e já não sei se a tenho
e já não cabe no que ganho

    tudo tudo tudo
    é o que ganho
    e tudo o que ganho
    é para o depois

    : a comida o salário
     a dormida o feriado
     a embriaguez o pecado
     o tempo-a-saber-de-mim
     mesmo a morte

    tudo sobejo

    tudo depois

e deito

À cama, volta. Deita-se.
À casa.

na garupa do dia
deito

desde as oito aqui
e já onze
(e desde antes)
sem qualquer acontecimento

qualquer notícia
       de família
qualquer convite
       à cerveja

calo sobre
mim

e
me iludo no sossego
ao dia
que diz nada

já onze

.

.

.

tudo maquina ao
assassinato do amanhecer
já antes
já combinado sempre às seis
na lotação

lá todos cúmplices
se parecem
: o mesmo relógio
 o mesmo caminho
 o mesmo depois
 o mesmo destino
 (marcado como promessa

para o fim
 do dia

tão sempre
tão nunca. e basta)

lá cúmplices
se parecem e
ninguém.

e não sabem

sobram-lhes

sobram-lhes
a noite

e agora aqui
a mim nem isso

nesta — tudo já antes

o dia lá fora
a correr mundaréus
maquina segundo a
      segundo
novos plantios de
outros dias

as ruas ficam
a sonhos amorfos
a rotinas sem gozo
e a passos sem
      caminho

e lá se vão
os que não sabem
de mim

e já nem eu

e
deito

Ao lençol, embrulha-se.
Embaralha-se.

soube de um tempo
que as gentes
não moravam em cidades
e todo pedaço de terra
era só mais um
pedaço de terra
quando muito só mais um
pedaço de terra
e as gentes eram tudo
e um só singular
mesma perna
mesmo braço
mesma boca
mesma fome

de lá já se viam
todas as ruas d'hoje em dia
empoeiradas de desertos
inscritas sobre ruínas de futuro
as ruas ali já postas
guardadas carne adentro
curvando artérias
pulsando nervuras
de todas as gentes em um só
singular
e tudo se guardava
no meio do tempo —

    tudo era hoje

entre tantos atalhos
e nos mesmos palimpsestos
tantas gentes
cá dentro e hoje
dormentes — pulsam

dormem

Desfaz-se do lençol.
Des-faz-se.

o teto esquizofrênico
mapeia o que
não sei pensar

zmmmmmmm
           mmmmm

zmm
   mmm

        mmmmmmm
        sombras

     re-
flexos

vistas de estranhos
metades sem começos

        sombras
reflex-
os

    de verdade
    só
    as sombras
    a se engolirem no próprio
    eco

experimentam(-se) em suas bordas
lotadas de segundas intenções
moram ao avesso
da luz —

sua fonte
e seu fim

.

cravada à parede — a lâmpada
me aponta
:
eu — um tropeço de
mim

e ainda é hoje
e ainda é ontem
e já depois

estanco
e embruteço

engulo o
grito

deito
e engulo o
silêncio guardado
à garganta

deito

o dia não es-

      morece

o dia não cala
e
no silêncio possível
deito

não é só
cansaço

o dia — aqui — termina e
paira um mormaço
sem qualquer endereço

sem ofício
meu corpo
lá fora

cá de-
mora

Da rua — barulho.
Vezes a incomodar.
In-comodar.

às ruas
    sussurros
    grilos
    uma música longe
    poeiram um hoje
    e tudo ontem
    e tudo depois —

    este dia
    ontem

    on-
    tem
    têm
    tens

e não durmo

nesse desleixo com horas
o dia come-
       ça
e me
come

sem qualquer pudor
m'engole

num relógio sem rastros
pálido o tempo
morre com suas teorias de
física e calendários sem uso
ao canto é tão só
um cabide vazio

à janela
nenhum vaga-lume a
motivar um sonho
e
sem astros o céu
desbota a noite
e dele já nem
sei

a casa não se coube
pela janela já rua
lá fora já nada
nem lua

nem

n.

preso à própria
vontade

não durmo

espero espero

mesmo a godot
que amanhã
ainda vem

mas amanhã
mais amanhãs

mesmo ao messias
que também ainda
vem
vem

— não chegou a hora
(ainda!)
mas vem.

e à minha espera
represo
e preso

preso

pre

p

[...]

zzzzzzzzzzzzzzzzzzzzzzzzzzzzzzzzzzzzzzzzzzzzzzz

espero
espero o sono
o meu desencontro
que não chega

e tudo vem
: os pecados em segredo
  as vontades pela metade
  o dedo na cara
  o desejo por quem
          não amei

por onde anda maria?
continua com os olhos
          mesmos?
os mesmos não dizeres?
por onde anda?
por onde?
.
  .
    .

e
não durmo

e
toda a vida cabe
    nesta noite

tal qual toda a poesia cabe
num caderno em branco
tal qual todo o sol cabe
numa fresta
tal qual todo o futuro cabe
num passo

em um passo
desfaço-
-me
e já não
sou
e já

Ao quarto sem direção —
ensaia passos de dança.

a roupa a me vestir
me leva me
domina e baila

e vou

e eu
    voo

voo

    voo

vou

desfaço-
-me

a lâmpada ao teto
me desmente e
insisto em tropeçar
(em mim)

num passo em falso. paro

busco um copo d'água
e vou

Levanta-se. Acende uma lâmpada.
Tudo se ilumina. Tudo se ilude.

à casa: miragem
maquete pra outros atos
e tudo
verbos sem trânsito

sem qualquer saída
se inventa a sala
        o quarto
com a estrada de
meus passos
(que
ardem)

não há sede
não há fome
vontade qualquer

na pia a louça suja
desenha o ontem —
natureza-morta

e
pousa o tempo
em vaidade

o dia se estica sem noite
tal qual uma árvore a se esticar na
sua sombra e não triscá-la —

a sombra a ser também árvore
    a ser ao mesmo tempo tudo —
    árvore-chão-sombra — única!
    santíssima trindade —
    a ser ao mesmo tempo nada:

    uma parte se vicia na vida
    outra se vicia na parte
    e não deixa de ser
    mesmo a lua a ser o que o sol permite

      teima. e não deixa de ser

            brinca com os dias
    assanha o mar:

ser como pode
mas ser

e o dia se estica

— por que lá
fora
não fica?

e fica

e fica

já quase
meia-noite

cá não larga
cá não passa

o sol encrenqueiro
palpita e de rabo de olho
é suspeito de
tudo — enxerido s'esconde
         à lua
         (que desconversa)

e tudo um vácuo

      a lâmpada sem companhia
      adula mosquitos
      que sem acanho
      formigueiam à luz

[...]

arrisco à TV
que sem qualquer maquiagem
se afoga em tédio
ignora companhias (sem
nenhuma cerimônia)
e bem mais cansada que eu
me cala
me nega

e eu a deixo
na sua solidão

na parede sem bordas
de frente ao espelho
eu numa fotografia doutra década

      quem reflete quem
      ?

o retrato vence
o futuro
e eu aqui
: assistindo ao que fui
rendendo-me
ao não escrito
rendendo-me

      quantos me cabem neste tumulto?
      quantos?
      quantos de mim?
      quantos caberão num mesmo túmulo?

cá apenas
o eu sem mim
que me deserta
sem qualquer interesse —
carne inerte
a apontar o podre
que lá fora não segue
e não se mostra

mas cá dentro
desta pele

e
vem o reflexo
de tudo que guardo em
latejos —

        a inveja
        o que falseio
        o perdão garimpado à vaidade
        a praga jogada à prestação
        a mentira a tecer amanhãs
        mesmo-quando a vontade de foder
        vezes-quando a vontade
                de matar

e
me afogo na morte
do que também sou
sem saber
sem poder
nos segredos doutras
noites de/em mim

sem outros
a noite me aluga
pra namorar

me sussurra
e me sarra
e me fode
e me cospe

e não durmo

assisto tudo
projetado à parede
que se esbarra
nas mais brutas
arestas de mim

deito

À cama, volta.
Apaga a luz. Vê.

deito

sequer um pesadelo
a me arriscar

tudo realidade (?)

não sinto
nada

quede o amanhã?
mera promessa no calendário?

— é tudo o que eu
tenho a saber —

e mergulho no mar de tempo
que tenho a morrer

e vivo

quando menino
não havia tempo

o dia
um só

e agora tantos

tantos a espezinhar
ao travesseiro

o menino que fui: hoje uma
aventura que a cada dia
deserto

— a minha maior traição —

tudo o que deixei de ser
o encontro
depois da obrigação

o dia (não mais)
o sabe
eu ainda

eu

o menino que fui
rasura na carne sobre
passos cicatrizados
como uma mera lembrança
              sem foto

apenas o guardo pra amanhã
sendo tantos
       tantas

este-eu ferrado à
carne crua do que ainda
não aprendi ser —

obriga-me

e loto-me de
minha própria

(ausência)

       quantas estradas
       não minhas?

       quantas?

fui tantos
que nem mais sei

e tantos agora
e tantos e tantas
tantos tantos

e tudo ao mesmo tempo
no reflexo repartido
a multiplicar ilusões

assim:

—

como azougue
as horas me sugam ao inerte

e já é mais tarde que
amanhã

quede o mundo?
vasto vasto mundo

aqui cabe não

já é tarde
o relógio dessabe

passa das
doze

e
já antes

tudo inverno a me en-
golir carne adentro
a mera casca
a mero ontem

cego
descoberto

o dia não cabe longe
o dia não cabe noite
e nada é

os olhos: sementes
pra um amanhã dormente

e quede tudo?
quede o tempo?
quede o homem?
quede o verso?

agora nada
só este poema —
um pedaço de terra
que tomei pra morrer

tudo tarde —
desastre

o tempo a amofinar-se
ao relógio
sem hora pra voltar
constrói ruínas
ao escrever o corpo
em cicatrizes

na carne tece
o vasto deserto
a sangrar o eu-reflexo

reflexo
de um espelho
sem fundo
    profundo
sob fósseis de instantes

—
e
não durmo

os olhos a garimpar
as pálpebras (se)
olham

os ouvidos se apressam
a saber o que
escutam

os dentes (s)em fala
dialogam —
rangem

músculos posam
quietos

minha própria guerra

    (quede as palavras a repetir sons
    do que já está posto
    ?
    de que agora valem?

    me sepulto
    no silêncio)

e meu corpo —
uma ilha —
des-
sabe

apenas um solo fértil
para a solidão

as paredes nuas
tão pouco minhas
arquitetam ab-

    ismos a
    guardarem e-
    cos deste ato
    (sem clímax)

segue o ponteiro
sem qualquer estima
adiante
numa quase pausa dramática

tictictictictictic
tictictictictictic
tictictictictictic

encaro

e tudo
demora

gri-
to!

encaro

aceito

Senta-se.
Sem__ -se.

esta noite
que não será notícia
sabida por ninguém
quiçá por mim
alucina-me a descrer:

nada existe!

nem meu fingimento

e
levanto ao mesmo tropeço
: o dia de amanhã
a carregar minha vida

enfrento este passar —
uma trégua

nego remédio
nego conversa
fantasia
e tudo o que me faz negar

— que tudo vá pro inferno!

o que me vale agora
é o confronto
o que fica
a carimbar
o caminho

houve um tempo
quando eu ainda morava longe
todas as noites
se recolhiam na hora marcada
e nós como meros acessórios
embrenhávamos casa adentro
sem qualquer amuleto

bochechávamos água antes do sono
batíamos a poeira dos pés
e a rede se moldava aos sonhos
que valiam até o enxerimento do sol

o dia se repartia
beijando a noite
e a manhã surpresa
como se tudo novo

da noite engolida
para o dia ficava parte
a manhã de novo
começava terna
apesar do mesmo abotinar

e cá estou
lambendo aquela noite
que se esqueceu de mim
adulando caridade
pra que ela (sem
qualquer vergonha)
me diga
que amanhã já começou

—

e sigo a não saber
o que devo

nesta tortura
me obrigo a esquecer

sublimo inocência
e a cabeça não
me cabe

      o café de ontem
      ainda cheira
      o tropeço ao pé da esquina
      lateja
      o olhar desconfiado da moça
      que não mais verei
      me excita
      o beijo que não dei
      ainda cá sobre os ombros
      se afoga invadindo os lábios
                        prenhes

e
não entendo o que ainda
devo
e não sei o que lembrar

vasculho a própria carne

    que vale esta conversa
    desse eu-sozinho?

    que vale o que eu apenas
    fiz calar?

    que vale?

fria — a parede —
me acusa

e grito

vai-te à merda.

chacoalho meu pau
em gozo
em lambuzos de prazer nenhum
e ao próprio gozo
sou pura lama

    naufrago sobre o fogo
    e incendeio —
    beijo outras faíscas
    noutra brecha
    e tudo
    um mesmo corpo
    sem começo
    mesmo começo

e
caio
sobre cinzas de mim

sem saber o que
procuro na
probabilidade lotérica
de encontro —
vasculho-me

.

.

.

já não sei das horas

há tantas
e valem nada

sem qualquer piedade
se amuquifam
a cada segundo noutro começo
e do anterior já não posso cobrar

me anulo.

Levanta-se e caminha.
Esbarra-se.

a mesa posta
me convida
suplicando companhia —

ao mesmo tempo palco
ao mesmo tempo o ato
luz e sombra

muda
encara-me num diálogo

e já não sei conversar

.

.

.

a mesa em silêncio
diz muito de meu pai —
e de tudo que ele não disse

quando em casa
a mesa posta
cada lugar marcado
a dedo
o silêncio engasgava-se e
conduzia a apresentação duma tela
tingida ao meio-dia
em plena sala de casa
com todos presentes
com olhares em acusação

ali mastigavam
engoliam não dizeres
e se esvaíam

indo o dia
a outros caminhos

ainda hoje guardo palavras

que envelhecem
desbotam
mas sem pressa
ou vaidade
quaram o afirmar
decantado no tempo

e dizem

e nesta noite
os nomes já
não valem

e se valem
já não sei
nomear

neste instante
que diferença faz
eu chamar chão
de céu?

tudo abis-
mo

e nesta mesa/nesta noite
de que vale nomear tudo
se as palavras cá não valem?
puro monturo prateleirado
sem pronome a aluguel

e dos nomes
já não sei nomear —
esta noite calada
me diz

esta noite com mais olhos
que bocas. vê

e apenas diz

diz

nos nomes
que se demoram
as coisas
(mesmo as que mentem)

cria e criatura
em invenção mútua

a mão inventada ao poema
escreve-o

*no princípio era
o verbo* — assim
a carne
e tudo carne

e vai esta noite
num poema
sem rumo sem pele
ou qualquer gramática

    (ê vida sem graça
    onde tudo cabe
    no que é possível dizer)

encarnado o verbo perece
: tudo rubro
escorre das entranhas
o mundo

menstrua

um fio de sangue
à gengiva dá-me o gosto
do agora

beijo a própria
boca

e tudo é mais perto de mim

coleção de mortes
que a vida toma pra si —

a poesia talvez
labirinto

minha própria fome

penso nos que morrem
de vida nenhuma

e do amanhã não
saberei contar
esta noite só —

suposição

e
grito!

da noite —
tudo sangue coagu-
lado — meu vizinho
mais próximo

o que será de amanhã?
ainda vivo?

o relógio segue
a levar nada

tal qual um rio
que apenas vai
toma posse do seu mesmo caminho
e se esforça pra teimar. mas não.
se guarda ao que bebe
permanece ao que é
quando não —
faz-se

sem remorso
se deixa às
margens

assim o tempo
a se marcar na carne

e
não se importa

quando será amanhã?

a-
manhã!

quando?

já duas
três
quatro

quando?

quando?

—
ando

an-
do

prudente a manhã
ainda anoitece
rege a lei
que ninguém manda
eu ainda sei

e isso me consola

o amanhã ainda
vai ser
e pode ser diferente
do ontem que alguém
escreverá
tudo igual ao mesmo
mesmo ao diferente
ainda será

> no esconderijo da sombra
> destrona-se sempre um foco de luz
> desfaz-se.

persisto

o sol não
cansa

e da noite

— oportunidade de mim
o que tenho na vida —

persisto

—
num sem-fim
ainda me emborco
e me loto das
horas que não olho

o cansaço pedinte
vandaliza meu instante
e tudo pode ser

— é preciso dar sono
ao dia!

já se foram dois
a pesar tantos
apesar
a-
pesar

e não vivo
passeiam na mesma
geografia de abismos
sem relevo
sem aceiros
a convidar

tro-
peço

quede aqueles que não dormem?
nas suas vítimas? nos seus sustos?

quede aqueles que não vivem?
nas ruas? na ausência dos jornais?

onde eu morro?

[...]

e
continuo
feito bicho
feito máquina
mero passageiro
desses dias
e tudo apela
à minha
solidão —

eis a liberdade
que posso

e tudo moureja
e tudo se destrona
em um abafo
sem qualquer piedade

e
não durmo
nesse tumulto de horas
sem instante algum
não há mais tempo

eu já não sei que horas

e o sol não
cansa

germina outro dia
ao se pôr

pó

Despertador toca.
Levanta. Des-liga.

?????

???

?

a noite se alarga
riscando sua própria
sombra
guardada em meus passos

indiferente o relógio
me acusa

: tudo é atraso

trrr
  trr
  trrr
  trrrrr
  trrr
  trrrrrrr
  trrr
        trr
          tr

—
vestido de ontem
levanto

hipócrita o tempo
dobra-se sobre sua própria
vergonha e des-
conversa

cava sua própria morte
se esconde dos olhos e
do que não lhe serve —
entulho

e tudo se inaugura
nas ruínas de amanhã

o eu cá dentro
a pelejar vida

o eu lá fora
a disfarçar-se de hoje

(desta-daquela noite
sobrou-se o caminho

guardo apenas o que não
vivi)

já não me des-
peço

de novo o dia
de novo
de novo
de novo

a manhã
amanhã
a-manhã

Vagando, junta
os apetrechos de trabalho
e seu esconderijo.

driblo meus passos
aborto a porta

a rua outro cômodo
de minhas necessidades
e só
vou

vvvvvvv
    vvv
vv
      vvvvvvv
ou

.

antes do sol chego
o dia (me) come-
ça

tudo de outrem

já não
lembro

e eu
apago

Sai. Luz.

Agradecimentos por acompanharem comigo essa travessia insone de escrita: a minha companheira de vida, Yane Cordeiro, e Felipe Ximenes, Nathan Ximenes, Simoni Giehl, Lia Sanders, Francisco Thon, Dércio Braúna, Leonardo Gandolfi, Tarso de Melo e Micheliny Verunschk.

Copyright © 2024 Mailson Furtado

Todos os direitos reservados. Nenhuma parte desta obra pode ser reproduzida, arquivada ou transmitida de nenhuma forma ou por nenhum meio sem a permissão expressa e por escrito da Editora Fósforo.

DIREÇÃO EDITORIAL Fernanda Diamant e Rita Mattar
COORDENAÇÃO DA COLEÇÃO E EDIÇÃO Tarso de Melo
COORDENAÇÃO EDITORIAL Juliana de A. Rodrigues
ASSISTENTE EDITORIAL Millena Machado
REVISÃO Eduardo Russo
DIRETORA DE ARTE Julia Monteiro
PROJETO GRÁFICO Alles Blau
EDITORAÇÃO ELETRÔNICA Página Viva

A marca FSC® é a garantia de que a madeira utilizada na fabricação do papel deste livro provém de florestas gerenciadas de maneira ambientalmente correta, socialmente justa e economicamente viável e de outras fontes de origem controlada.

Dados Internacionais de Catalogação na Publicação (CIP)
(Câmara Brasileira do Livro, SP, Brasil)

Furtado, Mailson
   O dia / Mailson Furtado. — São Paulo : Círculo de Poemas, 2024.

   ISBN: 978-65-6139-010-1

   1. Poesia brasileira I. Título.

24-219067   CDD — B869.1

Índice para catálogo sistemático:
1. Poesia : Literatura brasileira   B869.1

Cibele Maria Dias — Bibliotecária — CRB-8/9427

circulodepoemas.com.br
fosforoeditora.com.br

Editora Fósforo
Rua 24 de Maio, 270/276, 10º andar
01041-001 — São Paulo/SP — Brasil

Que tal apoiar o Círculo e receber poesia em casa?

O que é o Círculo de Poemas? É uma coleção que nasceu da parceria entre as editoras Fósforo e Luna Parque e de um desejo compartilhado de contribuir para a circulação de publicações de poesia, com um catálogo diverso e variado, que inclui clássicos modernos inéditos no Brasil, resgates e obras reunidas de grandes poetas, novas vozes da poesia nacional e estrangeira e poemas escritos especialmente para a coleção — as charmosas plaquetes. A partir de 2024, as plaquetes passam também a receber textos em outros formatos, como ensaios e entrevistas, a fim de ampliar a coleção com informações e reflexões importantes sobre a poesia.

Como funciona? Para viabilizar a empreitada, o Círculo optou pelo modelo de clube de assinaturas, que funciona como uma pré-venda continuada: ao se tornarem assinantes, os leitores recebem em casa (com antecedência de um mês em relação às livrarias) um livro e uma plaquete e ajudam a manter viva uma coleção pensada com muito carinho.

Para quem gosta de poesia, ou quer começar a ler mais, é um ótimo caminho. E para quem conhece alguém que goste, uma assinatura é um belo presente.

CÍRCULO DE POEMAS

LIVROS

1. **Dia garimpo.** Julieta Barbara.
2. **Poemas reunidos.** Miriam Alves.
3. **Dança para cavalos.** Ana Estaregui.
4. **História(s) do cinema.** Jean-Luc Godard (trad. Zéfere).
5. **A água é uma máquina do tempo.** Aline Motta.
6. **Ondula, savana branca.** Ruy Duarte de Carvalho.
7. **rio pequeno. floresta.**
8. **Poema de amor pós-colonial.** Natalie Diaz (trad. Rubens Akira Kuana).
9. **Labor de sondar [1977-2022].** Lu Menezes.
10. **O fato e a coisa.** Torquato Neto.
11. **Garotas em tempos suspensos.** Tamara Kamenszain (trad. Paloma Vidal).
12. **A previsão do tempo para navios.** Rob Packer.
13. **PRETOVÍRGULA.** Lucas Litrento.
14. **A morte também aprecia o jazz.** Edimilson de Almeida Pereira.
15. **Holograma.** Mariana Godoy.
16. **A tradição.** Jericho Brown (trad. Stephanie Borges).
17. **Sequências.** Júlio Castañon Guimarães.
18. **Uma volta pela lagoa.** Juliana Krapp.
19. **Tradução da estrada.** Laura Wittner (trad. Estela Rosa e Luciana di Leone).
20. **Paterson.** William Carlos Williams (trad. Ricardo Rizzo).
21. **Poesia reunida.** Donizete Galvão.
22. **Ellis Island.** Georges Perec (trad. Vinícius Carneiro e Mathilde Moaty).
23. **A costureira descuidada.** Tjawangwa Dema (trad. floresta).
24. **Abrir a boca da cobra.** Sofia Mariutti.
25. **Poesia 1969-2021.** Duda Machado.
26. **Cantos à beira-mar e outros poemas.** Maria Firmina dos Reis.
27. **Poema do desaparecimento.** Laura Liuzzi.
28. **Cancioneiro geral [1962-2023].** José Carlos Capinan.
29. **Geografia íntima do deserto.** Micheliny Verunschk.
30. **Quadril & Queda.** Bianca Gonçalves.
31. **A água veio do Sol, disse o breu.** Marcelo Ariel.
32. **Poemas em coletânea.** Jon Fosse (trad. Leonardo Pinto Silva).
33. **Destinatário desconhecido.** Hans Magnus Enzensberger (trad. Daniel Arelli).

PLAQUETES

1. **Macala.** Luciany Aparecida.
2. **As três Marias no túmulo de Jan Van Eyck.** Marcelo Ariel.
3. **Brincadeira de correr.** Marcella Faria.
4. **Robert Cornelius, fabricante de lâmpadas, vê alguém.** Carlos Augusto Lima.
5. **Diquixi.** Edimilson de Almeida Pereira.
6. **Goya, a linha de sutura.** Vilma Arêas.
7. **Rastros.** Prisca Agustoni.
8. **A viva.** Marcos Siscar.
9. **O pai do artista.** Daniel Arelli.
10. **A vida dos espectros.** Franklin Alves Dassie.
11. **Grumixamas e jaboticabas.** Viviane Nogueira.
12. **Rir até os ossos.** Eduardo Jorge.
13. **São Sebastião das Três Orelhas.** Fabrício Corsaletti.
14. **Takimadalar, as ilhas invisíveis.** Socorro Acioli.
15. **Braxília não-lugar.** Nicolas Behr.
16. **Brasil, uma trégua.** Regina Azevedo.
17. **O mapa de casa.** Jorge Augusto.
18. **Era uma vez no Atlântico Norte.** Cesare Rodrigues.
19. **De uma a outra ilha.** Ana Martins Marques.
20. **O mapa do céu na terra.** Carla Miguelote.
21. **A ilha das afeições.** Patrícia Lino.
22. **Sal de fruta.** Bruna Beber.
23. **Arô Boboi!** Miriam Alves.
24. **Vida e obra.** Vinicius Calderoni.
25. **Mistura adúltera de tudo.** Renan Nuernberger.
26. **Cardumes de borboletas: quatro poetas brasileiras.** Ana Rüsche e Lubi Prates (orgs.).
27. **A superfície dos dias.** Luiza Leite.
28. **cova profunda é a boca das mulheres estranhas.** Mar Becker.
29. **Ranho e sanha.** Guilherme Gontijo Flores.
30. **Palavra nenhuma.** Lillian Sals.
31. **blue dream.** Sabrinna Alento Mourão.
32. **E depois também.** João Dandoira.
33. **Soneto, a exceção à regra.** André Capilé e Paulo Henriques Britto.

**CÍRCULO
DE POEMAS**

Este livro foi composto em GT Alpina e
GT Flexa e impresso pela gráfica Ipsis
em agosto de 2024. Que
diferença faz eu chamar chão
de céu? Tudo abismo.